AF176038

Mehr Erfolg durch

Ruhe und Gelassenheit

Arbeitsheft

Maria Anna Bröder

Schriftliche Meditation für mehr

Klarheit und Freiheit

FSC
www.fsc.org
MIX
Papier aus ver-
antwortungsvollen
Quellen
Paper from
responsible sources
FSC® C105338

Impressum

Texte: © Copyright by Maria Anna Bröder
Umschlag: © Copyright by Maria Anna Bröder
                  83115 Neubeuern
                  www.schriftliche-meditationen.de

Herstellung und Verlag: BoD – Books on Demand, Norderstedt

Bilder: Freepik.com @Millaly @yuliyaArt

ISBN 9783755780823

Printed in Germany

Bibliografische Information der Deutschen Nationalbibliothek

Die Deutsche Nationalbibliothek verzeichnet diese Publikation
in der Deutschen Nationalbibliografie; detaillierte bibliografische Daten sind im Internet über http://dnb.d-nb.de abrufbar.

„Nur die Gegensätze lehren
einen die Welt kennen:
Wer nicht ums Dunkel weiß,
kann das Licht nicht erkennen."

aus Japan

Vorwort

Du bist das, was Du denkst und glaubst. Deine Realität ist das, was Du von ihr denkst und glaubst. Wenn Du das, was Du denkst oder glaubst aktiv und bewusst veränderst, kannst Du Deine Realität aktiv und bewusst verändern.

Die Vorstellung, dass wir nur durch unsere innere Einstellung und unser damit verbundenes Auftreten ein Bewerbungsgespräch positiv beeinflussen können, dürfte für jeden klar und annehmbar sein. Durch die bewusste Programmierung unserer Überzeugungen unser Einkommen um 50% zu steigern, ist für einige dann schon schwieriger anzunehmen. Und doch funktioniert es!

Erforsche, wo Du Dich begrenzt, und übernimm die Verantwortung dafür. Mache Dir bewusst, WAS Du glaubst/denkst, WARUM Du das glaubst und ob Du es weiter glauben möchtest. Du kannst Deine geistigen Begrenzungen finden, Deine Komfortzone erkennen und Deine Möglichkeiten erweitern. So kannst Du Dir Dein Leben zu Deinem Spielplatz machen.

Das einzige, was uns davon abhalten kann, etwas zu erreichen, ist der Glaube, dass es unmöglich ist. Unbewusst erschaffen wir uns tagtäglich Situationen, die uns beweisen, was wir glauben. Dieses (unbewusste) Denken stärkt umso mehr innere Widerstände gegen ein erwünschtes Ziel, je größer uns der Wunsch erscheint.

Diese Heftreihe ist dafür da, Dir dabei zu helfen, diese Mechanismen zu erkennen und zu prüfen. Eine Entdeckungsreise durch die Knoten Deiner Glaubenssysteme und -muster. Aber auch ein mächtiges Hilfsmittel und ein Werkzeug.

Dein Schlüssel zum Erfolg ist, Dir erst einmal bewusst zu machen, was Du denkst/glaubst und wovon DU (unbewusst) überzeugt bist.

Meine Coachings und diese Arbeitshefte basieren auf meiner langjährigen Erfahrung, dass ich mit meinen Gedanken meine Realität steuern kann. Diese Übungen in meinen Heften dienen der aktiven Realitätssteuerung (Reality Creation).

Die Hefte der Reihe „Arbeitshefte: Schriftliche Meditationen für mehr Klarheit und Freiheit" sind im Rahmen meiner zahlreichen Coachings entstanden. Immer, wenn ich Klienten mit diversen Themen hatte, stellte ich ihnen passende Übungen zusammen, die diese alleine und ungestört zu Hause ausführen sollten.

So konnten sie bei der Bearbeitung einfach noch ehrlicher zu sich selbst sein.

Es ist deutlich nachhaltiger und hat eine höhere Qualität, wenn wir unsere Übungen schriftlich auf Papier ausführen, und das, was wir entdecken, wirklich auch noch zusätzlich in Sätze formulieren, anstatt die Aufgaben nur kurz zu „durchdenken".

Deine Aufgaben nur zu überfliegen und zu sagen: „Aha! Verstanden!", wird Dich nicht in die Lage versetzen, wirklich zu begreifen und zu verstehen, was sich unter oder hinter den verschiedenen Schichten Deiner Glaubenssätze, Muster und Gedanken versteckt.

In diesem Sinne wünsche ich Dir viel Spaß, spannende Erkenntnisse und das Leben, dass Du Dir wünschst.

Einleitung

Dinge, Aussagen oder Ereignisse, die uns zum „Aus-der-Haut-fahren" bringen, sind manchmal ein Spiegel einer Seite an uns, die wir lieber verstecken wollen. Wenn uns etwas Derart trifft, dass wir nicht mehr ruhig bleiben können, verletzt, gekränkt oder beleidigt reagieren, sollten wir uns Gedanken über das „Warum?" machen.

Welche Seite an uns verleugnen wir?
Welche Angst versuchen wir zu verstecken?
Welchem Druck und Stress setzen wir uns selbst tagtäglich aus?

Neid, Aggression und Angriff haben noch nie geholfen. Es gehört aber auch eine gehörige Portion Mut dazu, seine eigene dunkle Seite zu erkennen und als Teil von sich selbst zu akzeptieren. Lass Dich auf dieses Abenteuer ein, begib Dich in die Tiefen Deines Emotions-Jungels. Hinter all dem Unkraut und den vielen Schlingpflanzen kannst Du Deine Mitmenschen sehen wie sie sind. Ein Teil von Dir, Dein Gegenüber, Dein Spiegel!

Schau hinein und erkenne Deine unnötigen Reaktionen. Wenn wir so auf unser Außen regieren, sind wir nicht IN UNS und auch nicht BEI UNS. Um aber unseren Zielen entspannt nachgehen zu können, müssen wir Triggerpunkte erkennen, akzeptieren und so weit wie möglich auflösen, um in unserer Mitte, in unserer Ruhe bleiben zu können.

Die dadurch frei gewordene und gewonnene Energie kannst Du in Deine Ziele, Wünsche und Projekte stecken oder auch einfach mal loslassen und Entspannen.

Arbeitsanweisung:

- Sorge dafür, dass Du Ruhe hast und Dich niemand stört, solange Du Deine Übungen machst.
- Bewahre Deine Arbeitsbücher an einem Ort auf, an denen sie vor den Augen anderer sicher sein können. Du musst bei der Bearbeitung der Übungen zu 200% ehrlich sein können und nicht ständig daran denken müssen: „Hoffentlich liest das keiner!".
- Versuche bei den schriftlichen Übungen spontan zu antworten. Nimm Dir die Zeit, die Du für Arbeits-Aufgaben brauchst, damit Du sie wirklich ausführen kannst.
- Sorge für Ruhe während der Meditationen.
- Lass keine Übung aus.
- Wenn Du mit einem Heft durch bist, verschließe es (ich verklebe meine sogar mit Klebeband) und lege es zur Seite.

Lass los!

Das ist ein wichtiger Teil der Arbeit. Du musst nun nicht mehr daran denken und darfst sogar vergessen, dass du in diesem Heft gearbeitet hast!

Falls Du ein ähnliches Thema bearbeiten möchtest, besorge Dir ein neues Heft und fange darin ganz von vorne wieder an. Auch ist es hilfreich, das ein oder andere Heft nach längerer Zeit (sechs bis zwölf Monate) zu wiederholen und zu vergleichen, was sich geändert hat.

Viel Erfolg!

Mitmenschen

1. Stell Dir vor, in einer großen Zeitung wurde ein Zeitungsartikel über Dich geschrieben.

Welche Eigenschaften müssten über Dich dort ge-schrieben stehen, dass Du sie als extrem beleidigend und ungerecht empfinden würdest?

1. . . . .
. . . .

2. . . . .
. . . .

3. . . . .
. . . .

4. . . . .
. . . .

5. . . . .
. . . .

2. Was regt Dich an anderen Menschen, extrem auf?

Welches Verhalten bringt Dich in Rage?

Was stört Dich an anderen Menschen in Deiner Umgebung?

1. . . . .

. . . .

2. . . . .

. . . .

3. . . . .

. . . .

4. . . . .

. . . .

5. . . . .

. . . .

Meditation:

Rufe Dir Ereignisse ins Gedächtnis, wo Du oben unter **1.** und **2.** genannte. Eigenschaften selbst erfüllt hast. Gehe jede einzelne Verhaltensweise, die Du an anderen Menschen verurteilst durch, bis Dir eine Situation einfällt, in der Du selbst so reagiert hast. Sei streng mit Dir und zu 100% ehrlich. (Es erfährt ja niemand!)

Betrachte Dich von außen, wie Du z. B. jemanden ungerecht anbrüllst. Schlüpfe in diese unerwünschte Seite Deiner Rolle und akzeptiere sie als einen Teil von Dir.

(„Ich bin auch nur ein Mensch. Ja, ich bin auch mal ungerecht!" „Es ist ok, auch mal faul zu sein!" „Gestern hätte ich zu XY höflicher sein müssen.")

Betrachte jede unerwünschte Eigenschaft und nimm sie als einen Teil von Dir an.

3. Nimm die unter **1.** und **2.** aufgelisteten Eigenschaften und akzeptiere sie als einen Teil von Dir.

Formuliere Sätze wie z. B: „Ja, ich bin (auch mal) faul."
„Ja, es kommt vor, dass ich unorganisiert und schlampig bin."
„Ok, manchmal bin ich ungerecht zu meinen Mitmenschen."

1. . . . .
. . . .

2. . . . .
. . . .

3. . . . .
. . . .

4. . . . .
. . . .

5. . . . .
. . . .

6. . . . .
. . . .

4. Überlege auf welche Menschen Du neidisch bist? Wer hat es scheinbar ganz leicht und unverdient zu Erfolg gebracht?

1. . . . .

. . . .

2. . . . .

. . . .

3. . . . .

. . . .

4. . . . .

. . . .

5. Warum, denkst Du, haben diese Menschen ihren Erfolg nicht verdient? (Er/sie ist arrogant. Er/Sie liefert schlechte Qualität)

1. . . . .

. . . .

2. . . . .

. . . .

3. . . . .

. . . .

4. . . . .

. . . .

6. Warum, denkst Du, hat er/sie diesen Erfolg? Was hat er/sie, was Du nicht hast?

(„Jeder hilft ihm/ihr. Er/sie hat mehr finanzielle Mittel als ich...")

1. . . . .
. . . .

2. . . . .
. . . .

3. . . . .
. . . .

4. . . . .
. . . .

5. . . . .
. . . .

6. . . . .
. . . .

7. . . . .
. . . .

8. . . . .
. . . .

Wendepunkt

7. Dreh Deine Annahmen zur Frage **5.** und **6.** wieder um, formuliere sie im Gegenteil/positiv und beziehe sie auf Dich selbst.

Aus „Sie ist arrogant" wird „Ich bin liebenswert!"
„Er geht über Leichen" wird zu „Mein Erfolg trägt zum Glück meiner Mitmenschen bei!"

Weitere Beispiele:
„Ich erhalte (auch) genau die richtige Hilfe."
„Ich verdiene mehr als genug Geld."
„Ich habe genug Zeit, Kraft und Energie für meine Projekte."
„Ich bin extrem gut, in dem was ich mache!"

Erschaffe Dir auf diesem Weg positive und bejahende Affirmationen. *

1. . . . .
   . . . .

2. . . . .
   . . . .

3. . . . .
   . . . .
   . . . .

4. . . . .
. . . .

5. . . . .
. . . .

6. . . . .
. . . .

7. . . . .
. . . .

8. . . . .
. . . .

9. . . . .
. . . .

10. . . . .
. . . .

*Du musst diese Affirmationen noch nicht glauben. Es kann sogar sein, dass sich in Dir Widerstände bemerkbar machen. Vielleicht fühlst Du ein Gefühl der Ablehnung, weil sich diese Sätze noch so falsch und vielleicht sogar wie eine Lüge anfühlen. Nimm den Druck raus! Lass uns hier einfach ein bisschen spielen, experimentieren und arbeiten.

Schreibe jeden dieser positiven Affirmations-Sätze aus der Übung **7.** mindestens 5x. Eine fünfmalige Wiederholung ist Nichts im Verhältnis zu Deinem täglichen negativen Gedankenstrom.

Achte beim Schreiben darauf, welche Einwände sich in Deinen Gedanken bemerkbar machen. Bei vielen, neuen, ungewohnten Glaubenssätzen ploppt oft eine gedankliche Reaktion auf. Ein Gegenargument, warum das nie funktionieren wird. Eine Antwort, die vielleicht die Übung ins Lächerliche zieht. Betrachte diese Reaktionen als den Kampf Deines Unterbewusstseins, das sich an seine gewohnten Gedanken klammern möchte. Du hast nach jedem Satz Platz diese Gegenargumente kurz zu dokumentieren. Gib ihnen aber nicht zu viel Beachtung. Betrachte sie als einen kleinen Orientierungspunkt der Art: „Aha! Hier muss ich noch etwas auflösen!"

8. Schreibe jeden dieser positiven Affirmations-Sätze aus der Übung **7.** mindestens 5x.

1. Satz

1. . . . .
. . . .

2. . . . .
. . . .

3. . . . .
. . . .

4. . . . .
. . . .

5. . . . .
. . . .

Einwände, die beim Schreiben aufgetaucht sind:

. . . .
. . . .
. . . .
. . . .
. . . .

2. Satz

1. . . . .

. . . .

2. . . . .

. . . .

3. . . . .

. . . .

4. . . . .

. . . .

5. . . . .

. . . .

Einwände, die beim Schreiben aufgetaucht sind:

. . . .

. . . .

. . . .

. . . .

. . . .

3. Satz

1. . . . .
. . . .

2. . . . .
. . . .

3. . . . .
. . . .

4. . . . .
. . . .

5. . . . .
. . . .

Einwände, die beim Schreiben aufgetaucht sind:

. . . .
. . . .
. . . .
. . . .
. . . .

4. Satz

1. . . . .
. . . .

2. . . . .
. . . .

3. . . . .
. . . .

4. . . . .
. . . .

5. . . . .
. . . .

Einwände, die beim Schreiben aufgetaucht sind:

. . . .
. . . .
. . . .
. . . .
. . . .

5. Satz

1. ....
....

2. ....
....

3. ....
....

4. ....
....

5. ....
....

Einwände, die beim Schreiben aufgetaucht sind:

....
....
....
....
....

6. Satz

1. . . . .
. . . .

2. . . . .
. . . .

3. . . . .
. . . .

4. . . . .
. . . .

5. . . . .
. . . .

Einwände, die beim Schreiben aufgetaucht sind:

. . . .
. . . .
. . . .
. . . .
. . . .

7. Satz

1. . . . .
   . . . .

2. . . . .
   . . . .

3. . . . .
   . . . .

4. . . . .
   . . . .

5. . . . .
   . . . .

Einwände, die beim Schreiben aufgetaucht sind:

. . . .
. . . .
. . . .
. . . .
. . . .

8. Satz

1. . . . .
. . . .

2. . . . .
. . . .

3. . . . .
. . . .

4. . . . .
. . . .

5. . . . .
. . . .

Einwände, die beim Schreiben aufgetaucht sind:

. . . .
. . . .
. . . .
. . . .
. . . .

9. Satz

1. . . . .

. . . .

2. . . . .

. . . .

3. . . . .

. . . .

4. . . . .

. . . .

5. . . . .

. . . .

Einwände, die beim Schreiben aufgetaucht sind:

. . . .

. . . .

. . . .

. . . .

. . . .

10. Satz

1. . . . .
. . . .

2. . . . .
. . . .

3. . . . .
. . . .

4. . . . .
. . . .

5. . . . .
. . . .

Einwände, die beim Schreiben aufgetaucht sind:

. . . .
. . . .
. . . .
. . . .
. . . .

Aufgabe:

Auf diesem Weg hast Du Dir nun 8 bis 10 sehr kraftvolle Affirmationen erschaffen. Lerne sie auswendig und lass sie zu Deinem täglichen Mantra werden.

Du kannst sie in der Früh vorm Spiegel aufsagen oder im Auto bei der Fahrt vor Dich hinmurmeln. Schreibe sie auf Notizzettel und klebe sie an Stellen, wo Du sie Dir immer wieder ins Auge fallen. Immer, wenn sich negative Gedanken oder Gefühle bemerkbar machen, wiederholst Du Deine Affirmationen. Anstatt sie laut aufzusagen kannst Du Dir auch ein leeres Notizheft kaufen und sie wieder und wieder schreiben.

Auf diese Weise sinken sie in Dein Unterbewusstsein und werden zu neuen Glaubenssätzen, die Deine Realität ab sofort beeinflussen. Wiederhole sie so lange und sooft, bis es ganz selbstverständlich für Dich wird, so zu denken, zu fühlen und zu handeln.

Sollten die Einwände, Gegenargumente oder negativen Kommentare, die als Reaktion weiterhin auftauchen, dann notiere sie Dir bitte extra. Du kannst auch diese Einwände in positive Affirmationen umwandeln und sie ergänzend zu Deinen anderen hinzunehmen.

Blicke auf Deine Ressourcen:

9. Was hast Du bereits erreicht?

1. . . . .

. . . .

2. . . . .

. . . .

3. . . . .

. . . .

4. . . . .

. . . .

5. . . . .

. . . .

6. . . . .

. . . .

7. . . . .

. . . .

8. . . . .

. . . .

10. Worin bist Du besonders gut?

1. . . . .
. . . .

2. . . . .
. . . .

3. . . . .
. . . .

4. . . . .
. . . .

5. . . . .
. . . .

6. . . . .
. . . .

7. . . . .
. . . .

8. . . . .
. . . .

11. Welche Deiner Fähigkeiten macht Dir am meisten Freude? Welches Deiner Talente macht Dich glücklich?

1. . . . .
. . . .

2. . . . .
. . . .

3. . . . .
. . . .

4. . . . .
. . . .

5. . . . .
. . . .

12. Womit machst Du Dein Umfeld glücklich?

1. . . . .
. . . .

2. . . . .
. . . .

3. . . . .
. . . .

4. . . . .
. . . .

5. . . . .
. . . .

Hattest Du eine Erkenntnis?

Wie fühlst Du Dich jetzt, wenn Du an die Person(en) denkst, auf die Du neidisch warst?

. . . .
. . . .
. . . .
. . . .
. . . .
. . . .
. . . .
. . . .
. . . .
. . . .
. . . .
. . . .
. . . .

Fokus

13. Welche Idole hast Du? Welche Stars, berühmte Persönlichkeiten oder Menschen/Kollegen in Deiner Umgebung findest Du toll?

Wer hat es auf seinem Gebiet, in seinem Beruf schon zu etwas gebracht, so dass Du ihn/sie bewunderst?

1. . . . .
. . . .

2. . . . .
. . . .

3. . . . .
. . . .

4. . . . .
. . . .

5. . . . .
. . . .
. . . .

14. Betrachte Deine Idole und Vorbilder. Was findest Du an ihnen toll? Erstelle eine Liste mit Eigenschaften, die sie erfüllen, die Dich faszinieren und die rechtfertigen, dass sie diesen Erfolg haben:

1. . . . .
. . . .

2. . . . .
. . . .

3. . . . .
. . . .

4. . . . .
. . . .

5. . . . .
. . . .

6. . . . .
. . . .

7. . . . .
. . . .

8. . . . .
. . . .

15. Betrachte jede dieser positiven und faszinierenden Eigenschaften Deiner Vorbilder nach der anderen.

Überlege:
Warum hast Du diese Eigenschaften aufgegeben?
Warum hast Du diese Eigenschaft nicht?
Warum hast Du Dich für eine unproduktive/-ere bzw. andere Verhaltensweise entschieden und diese abgelegt?

("Ich habe keine Zeit dafür. Ich habe nicht genug Ausdauer. Mir kam XY dazwischen.")

Finde zu jeder Eigenschaft eine Begründung:

1. . . . .

. . . .

2. . . . .

. . . .

3. . . . .

. . . .

4. . . . .

. . . .

5. . . . .

. . . .

6. . . . .
. . . .

7. . . . .
. . . .

8. . . . .
. . . .

9. . . . .
. . . .

10. . . . .
. . . .

Aus·re·de
/Aúsrede/

Substantiv, feminin [die]

1. etwas, was als Entschuldigung für etwas genannt wird, aber nur vorgeschoben, nicht der wirkliche Grund ist

   "So eine faule Ausrede!"

16. Wenn wir davon ausgehen, dass jeder alles erreichen kann, was er möchte, dann betrachte Deine Begründungen aus der Übung **15.** Sei ehrlich zu Dir selbst. Auch wenn es unangenehm und vielleicht sogar schmerzhaft ist. Übernimm die Verantwortung für Deine Realität und akzeptiere Deine Ausreden, als Deine eigene, freiwillige Entscheidung.

Überlege, ob Du an diesen Ausreden festhalten möchtest.

Was könntest Du stattdessen tun? Wie könntest Du diese gewünschten, bewundernswerten Eigenschaften in Dein Leben integrieren? Welche Ressourcen hast Du, um genau wie Deine Idole zu sein? Was fehlt Dir, damit Du die Eigenschaften Deiner Idole selbst, jetzt und heute bereits umsetzen könntest?

„Ich muss mich mehr auf meine Ziele fokussieren!"
„Ich darf mich nicht mit unwichtigen Sachen beschäftigen!"
„Vielleicht will ich dieses Ziel gar nicht wirklich, sonst wäre ich disziplinierter?"
„Ich brauche ein besseres Zeit-Management!"
„XY könnte mir bei meinem aktuellen Projekt helfen, dann kann ich mich um das andere kümmern!"
„Ich könnte meine Ernährung umstellen!"

Usw.

1. . . . .
. . . .

2. . . . .
. . . .

3. . . . .
. . . .

4. . . . .
. . . .

5. . . . .
. . . .

6. . . . .
. . . .

7. . . . .
. . . .

8. . . . .
. . . .

9. . . . .
. . . .

10. . . . .
. . . .
. . . .

36

17. Gib Deine falsche Bescheidenheit auf. Mach Dir bewusst, dass Du auch alles erreichen kannst, was Du willst.

Erkenne, dass nur Du selbst Dir die Grenzen auferlegst. Bekenne Dich zu den og positiven Eigenschaften Deiner Idole und schreibe mindestens 10 als positiven Affirmationssatz davon auf:

„Ja, ich bin fleißig."
„Ja, ich bin ehrgeizig und diszipliniert."
„Unsere Firma hat ein tolles Produkt."
„Die Menschen erkennen den Wert meiner Arbeit!"
„Ja, ich bin sehr hübsch."
„Locker und leicht, schaffe ich alles zum rechten Zeitpunkt zu erledigen."
„Alles was geschieht ist zu meinem Besten."

Usw.

1. . . . .

. . . .

2. . . . .

. . . .

3. . . . .

. . . .

4. . . . .

. . . .

5. . . . .
. . . .

6. . . . .
. . . .

7. . . . .
. . . .

8. . . . .
. . . .

9. . . . .
. . . .

10. . . . .
. . . .

11. . . . .
. . . .

12. . . . .
. . . .

13. . . . .
. . . .

14. . . . .

. . . .

15. . . . .

. . . .

16. . . . .

. . . .

17. . . . .

. . . .

18. . . . .

. . . .

19. . . . .

. . . .

20. . . . .

. . . .

Aufgabe:

Lerne so viele Sätze wie möglich aus Aufgabe **17.** auswendig oder schreibe sie auf einen extra Zettel, den Du immer bei Dir trägst. Auch wenn Du den ein oder anderen Satz noch nicht so ganz glauben kannst.

Jedes Mal, wenn Du in Versuchung gerätst über andere zu urteilen, wenn Du Dich wegen etwas aufregen möchtest, wenn Dir die Sicherungen durchbrennen, solltest Du Deine Aufmerksamkeit auf die „Ja,-ich-bin-toll!"-Sätze lenken und sie als tägliches Mantra wiederholen. (In Gedanken, oder wenn Du alleine bist auch laut ausgesprochen).

18. Was ist Deine größte Angst?

. . . .

. . . .

. . . .

. . . .

. . . .

. . . .

. . . .

. . . .

19. Was würde passieren, wenn genau das, Deine allerschlimmste Befürchtung, eintreten würde?

. . . .

. . . .

. . . .

. . . .

. . . .

. . . .

. . . .

. . . .

Meditation:

Schau genau hin. Male Dir in allen Einzelheiten aus, was passieren würde, wenn Deine schlimmste Befürchtung eintritt. Spüre die Angst, Deine Verzweiflung, den Verlust oder die Panik.

Wo spürst Du sie im Körper? Was spürst Du? Atme bewusst und bleibe trotzdem entspannt. Nimm die Angst und die Panik in Dir auf und akzeptiere sie. (Das Gegenteil von Verdrängen!)

Atme ruhig und entspannt, bis Du den „Worst Case" annehmen kannst. Bleib so lange, bis zumindest ein kleiner Teil in Dir sagen kann: *„OK, wenn es sein muss, dann bin ich bereit auch das anzunehmen. Dann geht das Leben trotzdem weiter. Ich weiß, ich schaffe auch das. Auch das geht vorüber."*

Atme weiter ruhig und entspannt, bis Du es geschafft hast, zumindest einen kleinen Funken Deiner größten Angst akzeptieren zu können. Atme, bis Du spürst, dass der Druck hinter der Angst nicht mehr so stark ist, bis die Last auf Deinen Schultern ein kleines bisschen leichter geworden ist.

Atme Dich frei und lass Deine Angst los.

Jede Angst hat einen Grund. Der kann gerechtfertigt oder lächerlich sein. Deine Aufgabe ist es hier Deine Angst zu analysieren und ihr somit die Macht über Dich zu nehmen.

Wenn Du Angst vor einem Streit mit Deinem Partner hast, da durch einen Streit die Beziehung zerstört werden könnte, musst Du von außen betrachten, wie realistisch ist es, dass Dein Partner/Deine Partnerin Dich wegen einem Streit verlässt? Wenn Du Angst davor hast, durch eine Vertragsänderung einen Kunden zu verlieren, musst Du realistisch betrachten, wie abhängig Du von diesem Kunden bist.

Wenn Du die Meditation vorher bis zum Schluss ausgeführt und somit diese Angst, diesen „Worst Case" in Gedanken schon mal durchgespielt hast, nimmst Du energetisch den Druck aus dem Thema. Durch das „Annehmen" Deiner größten Angst, kannst Du in Gesprächen, Planungen und verschiedensten Situationen entspannter reagieren, entscheiden und denken.

Deine Handlungen und Aktionen werden nicht mehr so emotional gesteuert sein und die Gefahr, dass Deine Angst zur Realität wird, wird dadurch abgemindert.

Das heißt jetzt nicht, dass Du Dich ständig mit diesem Thema beschäftigen sollst. Das würde ihm ja nur wieder mehr Energie und Aufmerksamkeit zuführen. Nimm die Meditation von der Seite davor, führe sie einmal durch bis Du eine deutliche Erleichterung und emotionale Entspannung spürst und dann lass das Thema einfach los.

Du wirst merken, dass der Druck dahinter weniger geworden ist und Dein Leben wird leichter werden.

20. Betrachte Deine größte Angst von außen:

Wovor möchte sie, die Angst, Dich beschützen? *(Verlust, Pein-lichkeiten, Versagen, Frustration, Scheitern, Schmerz.)*

. . . .

. . . .

. . . .

. . . .

. . . .

. . . .

. . . .

. . . .

. . . .

21. Wie schlimm ist diese Gefahr, vor der Dich Deine Angst beschützen möchte, wirklich?

. . . .

. . . .

. . . .

. . . .

. . . .

. . . .

Wenn Deine Angst Dich daran hindert, etwas zu erleben, was Dich glücklich machen würde, ist die Frage, nach dem Preis, wenn Du Dich Deiner Angst stellen würdest. Ganz nach dem Motto: „Am Ende des Lebens bereuen wir nur das, was wir NICHT getan haben!"

Wenn es Dein Herzens-Wunsch ist, allein in den Urlaub zu fahren, Dein Partner/Deine Partnerin das aber nicht möchte, was hast Du für Möglichkeiten, Dich Deiner Angst (Verlust des Partners) trotzdem zu stellen und mit ihm/ihr eine Diskussion zu beginnen?

Vielleicht habt Ihr hier auch ganz andere Möglichkeiten gemeinsam zu wachsen und zu reifen. Warum möchte Dein Partner nicht, dass Du allein in den Urlaub fährst? (Angst vor einer Affäre? Wäre ja auf seiner/ihrer Seite auch wieder nur eine Verlustangst)

Wenn Deine Angst Dich daran hindert, Dich selbstständig zu machen, frag nach dem Risiko. Such nach Möglichkeiten. Wie groß ist der Schmerz, wenn Du es nicht wenigstens probierst? Vielleicht erst mal nur nebenberuflich? Vielleicht erst mal mit einem Partner? Visualisiere alle einzelnen Schritte durch. Wo kommt die erste geistige Blockade? Wie könnte man sie lösen? Hast Du die Möglichkeit Beratung, Hilfe oder Unterstützung zu holen? Hast Du Menschen in Deinem Bekanntenkreis, die sich bereits selbstständig gemacht haben?

Niemand zwingt Dich, Deine Angst zu besiegen. Aber schau ihr ins Gesicht, und sag ihr: „Vor Dir hab ich keine Angst mehr! Aber ich nutze Dich!" Wie gesagt, Deine Angst möchte Dich beschützen. Schau Dir genau an, wovor. Dann kannst Du realistisch entscheiden, ob Du Dich ihr stellst oder sie akzeptierst.

Damit Du später nicht sagen musst: Eigentlich wollte ich immer, aber....

22. Was möchtest stattdessen fühlen oder erleben?

Woran hindert Dich Deine Angst? *(Ruhe, Frieden, Glück, Entspannung, Gemeinschaft, Familie, Erfahrung.)*

Sammle hier Eindrücke, Emotionen, Wunschzustände die Du erreichen und fühlen möchtest:

. . . .

. . . .

. . . .

. . . .

. . . .

. . . .

. . . .

. . . .

. . . .

. . . .

. . . .

. . . .

. . . .

. . . .

. . . .

. . . .

. . . .

23. Nenne 10 Wünsche, Ziele oder Absichten die Du besitzen oder erleben möchtest. Schreibe Deine nächsten 10 Ziele für die nächsten paar Wochen auf. Orientiere Dich hierbei an Deinen höheren Zielen, die Du unter **22.** gesammelt hast.

1. . . . .
. . . .

2. . . . .
. . . .

3. . . . .
. . . .

4. . . . .
. . . .

5. . . . .
. . . .

6. . . . .
. . . .

7. . . . .
. . . .

8. . . . .
. . . .

9. . . . .
. . . .

10. . . . .
. . . .

24. Erstelle eine Liste mit Aufgaben und Aktionen, die Du gleich heute tun könntest, um Deinen Herzenszielen und Seelenwünschen einen Schritt näher zu kommen:

1. . . . .
. . . .

2. . . . .
. . . .

3. . . . .
. . . .

4. . . . .
. . . .

5. . . . .
. . . .

6. . . . .
. . . .

7. . . . .
. . . .

8. . . . .
. . . .

9. . . . .
. . . .

10. . . . .
. . . .

25. Nimm Deinen Terminkalender, Dein Handy oder Notizzettel und erstelle feste Termine, wann Du unter 24. Aufgeführte Aktionen in den kommenden Wochen umsetzen wirst.

Tu es!

Sei stolz auf Dich.

Du hast gerade einen riesen Berg emotionalen Ballast abgearbeitet. Ich hoffe Du spürst die Energie, die durch diese Arbeit freigesetzt wurde und Dir nun zur Verfügung steht.

Hattest Du eine Erkenntnis? Ist Dir etwas bewusst geworden, was Dir vor diesen Übungen in diesem Arbeitsheft nicht bewusst war?

Dokumentiere hier kurz Deine Erkenntnisse und Fortschritte.

. . . .
. . . .
. . . .
. . . .
. . . .
. . . .
. . . .
. . . .
. . . .
. . . .
. . . .
. . . .
. . . .

Schlusswort

Herzlichen Glückwunsch!

Du hast alle Übungen und Meditationen aus diesem Heft gemacht.

Nun verschließe es und räume es weg. Am Besten in Deine hinterste Schublade. Du hast Deine Aufgaben jetzt erst mal erfüllt. *(Ich verklebe meine Hefte meistens sogar mit dickem Klebeband.)*

Du kannst jetzt getrost LOSLASSEN und mit Vorfreude nach vorne blicken.

Geh raus! Das Universum liefert nicht aufs Sofa.

Geh unter Leute. Führe Small-Talk. Sei offen, sei fröhlich, sei neugierig, sei interessiert. Sei jetzt der, der Du sein willst. Reagiere, fühle, antworte bereits jetzt mit Deinem neuen Ich.

Folge Deiner Intuition, Deinem inneren Flow, Deinem Gefühl und gehe ihm nach.

Lass Dich überraschen.

Irgendwann, wenn Du schon vergessen hast, dass Du dieses Heft überhaupt aktiv bearbeitet hast, wird es Dir in die Hände fallen. Dann kannst Du darin blättern und staunen, was sich bereits manifestiert hat.

Weitere Bücher von Maria Anna Bröder

Wünsche aktivieren
Reihe: Schriftliche Meditation für mehr Klarheit und Freiheit
ISBN 978-3-75345-8922, 70 Seiten, DIN A5

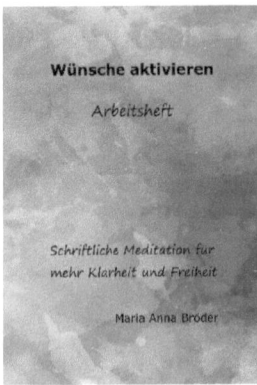

Der erste Schritt auf dem Weg Deine Ziele zu erreichen, ist es sie zu kennen. Sie greifbar zu machen. Im Alltagsstress sind unsere Gedanken oft so konfus und ungeordnet, dass es uns schwerfällt, uns zu fokussieren. In dem Moment, in dem Du beginnst Deine Ziele so zu konkretisieren, dass Du sie aufschreiben kannst, hast Du schon einen großen Schritt zu ihrer Verwirklichung beigetragen.

Ein Problem durchschauen
Reihe: Schriftliche Meditation für mehr Klarheit und Freiheit
ISBN 978-3-75344-1948, 64 Seiten, DIN A5

Jedes Problem, jede unerwünschte Situation/Realität bringt Dir einen Vorteil, auch wenn Du ihn Dir vorerst nicht eingestehen möchtest. Hinter jedem Ziel, jedem Wunsch, der für Dich schwer erreichbar scheint, versteckt sich ein "Nachteil" für Dich. Oft sind es nur Vorurteile, die ohne hinterfragt zu werden im Unterbewusstsein ihre Sabotagearbeit leisten. Mit diesem Arbeitsheft: "Ein Problem durchschauen" kannst Du Dir diese unbewussten Überzeugungen ins Bewusstsein holen.

Ich bin Ich

Reihe: Schriftliche Meditation für mehr Klarheit und Freiheit

ISBN 978-3-75346-4114, 70 Seiten, DIN A5

Dieses Heft ist Deine eigene Definition, Dein ganz persönlicher Wikipedia-Eintrag. Hier geht es nur um Dich. Wer bist Du? Was bist Du? Wie bist Du? Wo definierst Du Dich über andere, wo machst Du Dich von anderen abhängig? Nutze dieses Heft als eine absolute Bestandsaufnahme. Eine Inventur. Es gilt Grenzen zu erkennen und Unbewusstes bewusst zu machen. Erkenne starre Muster und Verhaltensweisen. Lerne aus ihnen mehr über Dich selbst und wachse. Wenn Du weißt, wer Du bist, hast Du die Möglichkeit wortwörtlich IN DIR zu ruhen.

Ein Ziel manifestieren

Reihe: Schriftliche Meditation für mehr Klarheit und Freiheit

ISBN 978-3-75346-2615, 66 Seiten, DIN A5

Zahlreichen Studien und Berichten zufolge denken wir täglich bis zu 60.000 Gedanken. Diesen ständig präsenten Gedankenstrom, diese ständig präsente Stimme im Ohr, tragen wir permanent mit uns herum und beeinflusst unbewusst unser Handeln, unsere Reaktionen und unser Befinden. Übernimm die Verantwortung und beeinflusse aktiv, was Du denkst und somit bewusst Dein Auftreten, Deine Ausstrahlung und Dein Leben.

Liebe und Akzeptanz in der Partnerschaft

Reihe: Schriftliche Meditation für mehr Klarheit und Freiheit

ISBN 978-3-75193-4008, 59 Seiten, 17x22 cm

Liebe und Akzeptanz in der Partnerschaft

Arbeitsheft

Schriftliche Meditationen für mehr Klarheit und Freiheit

Maria Anna Bröder

Menschen, die wir lieben, oder die uns sehr nahestehen, können uns am meisten verletzen. Da uns diese Menschen so wichtig sind, legen wir jedes Wort, jede noch so kleine Reaktion auf die Goldwaage. Hinterfrage ich aber meine eigene Reaktion, habe ich die Möglichkeit, mir tiefere Verletzungen, Muster oder Gewohnheiten ins Bewusstsein zu holen, zu erkennen und somit aufzulösen. Wenn ich mir selbst absolut klar bin, was ich will und warum, kann ich meinem Partner helfen mich zu verstehen und die Partnerschaft/Beziehung kann wachsen und reifen. Gemeinsam könnt Ihr so Eure Partnerschaft und Eure Zukunft bewusst gestalten. Mit Hilfe dieses Hefts kann aus einem Streit ein gemeinsames Erforschen und Entdecken werden.

40 Online-Ideen; Tipps und Spiele für Deinen online Turn- und Tanz-Unterricht

ISBN 978-3-75265-9177, 38 Seiten, DIN A5

Der Lockdown hat uns alle überraschend getroffen. Schnell mussten wir unseren Unterricht komplett umstellen, um den Spaß am Training auch online aufrecht zu erhalten und trotzdem ein ordentliches Training zu bieten. Hier findet Ihr ein paar Ideen die sich in meinem Online-Unterricht bereits bewärt haben und den Kindern viel Freude bereiten. Den trockenen Technik-Unterricht kann man so schnell mal auflockern und für technische Übungen ist die Konzentration dann wieder besser.

Mein Tanz-Tagebuch

ISBN 978-3-75344-2501, 90 Seiten, DIN A5

Ein Ziel ohne einen Plan ist nur ein Wunsch. Das hier ist kein einfaches Tagebuch. Es ist eine Hilfestellung, ein Trainings-Tracker und Freundebuch. Mit Tipps und Tricks einer erfahrenen Ballett- und Tanzlehrerin. Und sogar Deine Freunde und Deine Tanzlehrerin haben Platz sich hier in Dein Tanz-Tagebuch einzutragen. Kleine Aufgaben fördern die Motivation und Deine Fortschritte kannst Du hier wunderbar dokumentieren und siehst so jede Woche was Du geleistet und erreicht hast.

Nachschlagewerke:

„Ein Kurs in Wundern", ISBN 3-923662-18-1, Greuthof Verlag

„Das Wirken Bruno Grönings zu seinen Lebzeiten und heute", Thomas Eich, ISBN 3-927685-43-7, Grete-Häusler-Verlag

„Ich bin das Licht!", Neale Donald Walsh, ISBN 3929475898

Frederic Dodson
„Increase your Energy"; ISBN 1541062922
„Energie-Level – Eine spektrale Reise durch die Bewusstseinsebenene" ISBN 3890946941
„Reality Creation Coaching" ISBN 9783890945064
„Reality Creation für Fortgeschrittene ISBN 3890945988
„Paralleluniversum des Selbst" ISBN 3890945988
„Reality Creation – Die kontrollierte Erschaffung von Realität" ISBN 3890943942
„Reality Creation and Manifestation" ISBN 978-1534842809
Und weitere seiner Bücher zum Thema Reality Creation und Energie-Level.

Joel S. Goldsmith
„Die Gabe der Liebe", ISBN 978-3-7964-0193-0
„Die Gegenwart Gottes Praktizieren", ISBN 978-3-7964-0256-2
„Der unendliche Weg", ISBN 978-3-7964-0241-8
„Den unendlichen Weg verwirklichen", ISBN 978-3-7964-0244-9
„Der Donner der Stille", ISBN 978-3-7964-0242-5
„Die Kunst der Meditation", ISBN 978-3-7964-0243-2
„Die Kuns der geistigen Heilung", ISBN 3-7964-0192-9